PROSPECTUS
D'UN
PROJET
POUR LA CONSTRUCTION
DE
NOUVELLES MAISONS.

PROSPECTUS
D'UN
PROJET
POUR LA CONSTRUCTION
DE
NOUVELLES MAISONS,

Dont tous les calculs de détails procureront une très-grande Economie, et beaucoup de Jouissances.

PAR BREVET D'INVENTION.

A PARIS,

A L'IMPRIMERIE ET LIBRAIRIE MILITAIRES,
Rue des SS.-Pères, n°. 65, près celle de Grenelle.

Chez LENORMAND, Imprimeur-Libraire, rue des Prêtres-
St.-Germain-l'Auxerrois.

Et chez DESENNE, Libraire, palais du Tribunat.

AN XI. — 1803.

INTRODUCTION.

Dans un moment où tant de fortunes ont éprouvé des réductions si considérables, et où tous les articles de dépenses sont presque doublés, le Public verra, sans doute, avec plaisir, un projet de nouvelles maisons, dont toutes les combinaisons sont calculées pour multiplier toutes les jouissances qu'on peut presque souhaiter, et sur-tout pour ajouter, pour ainsi dire, à la fortune de chaque particulier, par la facilité de réduire un grand nombre de dépenses, qu'on regarde, aujourd'hui même, comme objets de nécessité.

La propriété de cette invention a été constatée par un brevet, dont les principales branches et les résultats seront, à ce qu'on espère, regardés de la plus importante utilité.

Une méthode de construction entièrement nouvelle, plus simple, plus rapide, plus avantageuse pour toutes sortes de distributions, particulièrement de grands emplacemens, et sur-tout plus solide, quoiqu'infiniment plus économique par la combinaison multipliée de tous les détails qui y sont relatifs, doit procurer les plus grands avantages.

Les toits, et quelquefois même les planchers, seront faits en forme de voûtes ou arcs en fonte, et même en planches sur champ ; et les culées ou portées, seront arrêtées par une ou plusieurs cordes d'arc en fer, ensorte qu'elles ne puissent jamais pousser à l'extérieur. Tout le monde sait que le fer sur son tirant est presqu'impossible à rompre, et que

INTRODUCTION.

plus on charge une voûte, plus elle presse sur les culées; or, la corde d'arc en fer qui la contient, n'étant sujette qu'à l'effet presqu'imperceptible de l'atmosphère sur le métal, la voûte devient d'une solidité à toute épreuve, et tout son poids portera perpendiculairement sur le mur qui la soutient, ou sur les piliers de fonte ou même de bois, qu'on peut plus économiquement et solidement employer à cet effet.

Cette voûte ainsi consolidée, on concevra également qu'en plaçant dessus des traverses en fer, et attachant à ces traverses des barres de fer perpendiculaires, renfermées dans l'épaisseur des cloisons, et qui se lieraient à d'autres barres croisantes sous les planchers du dessous, on pourra les soutenir ou diminuer leur portée à volonté, et donner l'étendue qu'on voudra à un appartement ou magasin, sans qu'aucune division ou support intérieur en dérange ou gêne la destination.

Les planchers deviendront également d'une économie, d'une légèreté et d'une solidité dont on ne se ferait pas d'idée; au lieu de ces poutres énormes et de ces solives multipliées qu'on emploie aujourd'hui, de simples planches sur champ rempliront, dans beaucoup d'occasions, le même objet; et en les consolidant les unes aux autres par de petites traverses et des chevilles, et en les soutenant par les tirans de fer et les barres traversantes sus-mentionnés, on peut leur donner la plus grande force. Les platras énormes qui chargent les planchers, disparaîtront pareillement, et seront remplacés par trois ou quatre pouces de sciures de bois, qui préviendront bien plus efficacement la communication du bruit ; et un plancher pèsera dix-neuf vingtièmes de moins, et sera néanmoins beaucoup plus solide. S'il s'élevait des doutes à ce sujet, on s'engage à en faire l'expérience publique, et à charger un plancher construit de la sorte, du double de poids qu'on oserait mettre sur un plancher tel qu'on les construit aujourd'hui.

On n'aura point à craindre les dangers du feu dans les cheminées, par l'ignorance ou la négligence dans les constructions. Les tuyaux de cheminée, seront pratiqués dans des colonnes ou pilastres extérieurs, qui deviendront l'embellissement de toute espèce de bâtiment, et seront plus économiques dans leurs constructions, que la pratique ordinaire de simples tuyaux de cheminée dans les murs.

A tous ces importans objets, s'unissent des objets de détails plus importans encore : une manière nouvelle de joindre le fer et la fonte sans vis ni écroux, et de pouvoir faire en fonte, par cette importante découverte, les escaliers, fenêtres, colonnes, statues, balustrades, vases, corbeilles, tables, cheminées, lits, différens meubles, tourne-broche, gonds, écroux, clous, serrures, cadenas, locquets, mains, grilles, rampes, balcons, etc. etc.; en un mot, presque toutes les ferrures qui entrent dans la construction ou distribution d'une maison, et à plus de moitié meilleur marché.

Plusieurs machines contribueront encore à l'économie des constructions : pour faire les tuyaux de tout métal, propres même à contenir le liquide, et qui remplacent l'usage du plomb; pour aussi en faire en plomb à moitié du prix par leur légèreté; pour scier la pierre et le marbre par un pouvoir qui fait mouvoir un moulin à scie et remplace la main d'œuvre; pour faire et polir les cheminées, les feux, les garde-feux, pelles, pincettes, en un mot, toutes sortes d'aciers, comme en Angleterre; pour faire des tringles creuses, des cloux, des cloux d'épingle, sans forge ni marteau; et la plus importante de toutes, pour remplacer les chevaux dans le transport des matériaux, par le moyen d'une machine roulante sur une route en fer, si perfectionnée sur celles qu'on emploie aujourd'hui en Angleterre, qu'on pourrait dire que ce n'est plus la même chose : et en cas de ravin ou ruisseau, on les traversera sur un pont construit en un instant, par le principe de la corde d'arc de la voûte du toit, et qui sera si solide qu'il pourrait servir à l'artillerie.

A toutes ces machines s'unissent encore d'autres inventions et combinaisons importantes ; tels que la construction de cuisine à vapeurs, avec ses vases et tous ses effets; une nouvelle pompe à feu, réduite à l'usage d'une maison particulière; un moulin domestique et économique ; un four chauffé par la fumée et vapeur d'un feu quelconque; plusieurs sortes de places à feu; des tuyaux d'une nouvelle construction, qui échauffent plus que des poëles; le moyen de brûler du charbon de terre dans les poëles actuels; de nouveaux poëles pour brûler du charbon de terre à l'avenir; d'échauffer une armoire qui tienne le dîner chaud; de prévenir toute communication d'odeur de la cuisine; de nouveaux robinets; des broches qui ne percent pas la viande; de nouveaux lieux à l'anglaise, infiniment perfectionnés; un moyen d'ôter toute odeur des commodités dans les maisons actuelles; d'éteindre en un moment le feu qui prendrait dans une cheminée; de donner des ordres à ses domestiques, et d'avoir leur réponse, sans qu'ils montent à cet effet : en un mot, tout ce qu'on a pu imaginer pour diminuer les dépenses, et contribuer à l'économie et l'élégance dans la construction, la distribution ou l'arrangement de l'intérieur d'une maison.

Un tel résultat est trop important, pour

qu'on veuille en gêner ou retarder l'adoption par un Monopole ; on se propose au contraire de rendre incessamment public, tout ce qui n'est qu'importé de l'industrie étrangère ; et ce brevet d'invention n'a été même demandé que pour cinq ans, terme le plus court, pour lesquels de tels brevets sont accordés, afin seulement d'en constater le droit et la propriété : puisse son effet en être aussi utile qu'on ose l'espérer.

Tout particulier, architecte, artiste, etc. qui avant ce terme desirera faire usage de telle ou telle partie comprise dans ce brevet, peut s'attendre aux plus grandes facilités de la part du Propriétaire, et s'adressera, N.º 789, rue de la Pepinière, à Messieurs *Henderson*, ingénieur ; et *Querry*, architecte, autorisés à cet effet.

Tous les détails de contructions et mécaniques, ont été déposés selon la loi pour les brevets d'invention. Pour rendre l'application plus facile de la plupart de leurs effets, en ce qui concerne les jouissances journalières, on s'est permis de supposer qu'un édifice tel qu'on se propose d'en construire, existe déjà, et qu'un étranger le visite et en rend compte à son ami.

Mon cher ami,

Je vous ai fait part, dans mes lettres précédentes, de toutes les beautés qui embellissent la Capitale de la France; je vais vous décrire aujourd'hui un nouvel établissement des plus intéressans.

En me promenant l'autre jour, je remarquai d'assez loin, une longue colonnade qui m'annonçait quelqu'édifice magnifique; et en m'en approchant, je fus frappé de la beauté de la façade, longue d'environ 3 à 400 pieds. Curieux de savoir à quoi servait cet édifice, je traversai de l'autre côté, et frappai à la première porte qui se présenta : je fus d'abord surpris de ne pouvoir presque remuer le marteau, et d'entendre une sonnette avertir que j'avais essayé à frapper (*a*). La porte s'ouvrit aussitôt, et je me trouvai dans

---

(*a*) Marteau à ressort, qu'on met quelquefois pour éviter le bruit.

un petit vestibule, fort bien peint : en face, était une double porte communiquant à l'escalier, servant d'entrée à la maison, mais qui ne s'ouvre que quand la première est refermée. A gauche et à droite étaient deux petites portes, l'une donnant dans l'antichambre, l'autre, dans la cuisine. La cuisinière vint demander ce que je voulais. — Savoir seulement à quoi est destiné ce grand édifice, lui dis-je. — A l'usage de plusieurs personnes, me répondit elle : ce sont différentes maisons; et, si vous êtes curieux d'en connaître la description, daignez me suivre. — Très-volontiers, lui dis-je. — Eh bien ! entrons donc d'abord dans la cuisine; elle est comme vous voyez, aussi propre qu'une laiterie. Cette table de sapin bien blanche, qui en fait presque le tour, sert à faire bouillir autant de casseroles qu'on en a besoin, par le moyen de la vapeur de l'eau bouillante dont je vais vous expliquer les effets.

Ce feu de charbon de terre, dans le coin, échauffe d'abord une plaque de fonte placée dessus qui sert, en guise de fourneaux, pour les ragoûts auxquels la cuisson communiquée par la vapeur de l'eau bouillante, n'est pas propre, et qui ont besoin d'un effet plus vif. Il fait ensuite bouillir ce chaudron placé derrière, et sur lequel vous voyez s'échapper de temps en temps un peu de vapeur (*a*), par ce régulateur placé dessus, pour prévenir le danger de son explosion, si toutes les autres issues étaient fermées, ou lorsqu'elle serait trop abondante. En ouvrant ce robinet, la vapeur circule tout autour du plafond de la cuisine, dans ce tuyau ; et lorsque j'ouvre ces autres robinets que vous voyez près de chaque casserole, elle redescend dans le fond de chacun de ces vases plein d'eau, et fait bouillir cette eau plus vîte que le feu ne pourrait le faire (*b*). Sur cette eau, ou dans cette eau bouillante, je pose mes

---

(*a*) Cuisines à vapeur, adoptées depuis peu dans presque tous les grands cafés et chez les restaurateurs à Londres, et avec toutes les nouvelles perfections qui ont été reconnues et établies sous la direction du célèbre comte de *Rumford*, à l'institution royale de Londres.

(*b*) L'effet de cette chaleur est si grand, qu'on l'a déjà adopté à des brasseries et tanneries, en Angleterre. L'admission de la vapeur de l'eau bouillante dans le fond des plus grands bassins, échauffe le liquide qu'ils contiennent, plus rapidement que ne le pourrait faire le plus grand feu.

Quel usage ne tirera-t-on pas de cette découverte, non-seulement pour toutes sortes de manufactures, mais pour les détails les plus ordinaires dans les maisons et dans les campagnes ?

I.

casserolés, qui ne risquent jamais de brûler, ne se salissent jamais, et me donnent des ragoûts bien plus succulens.

Nous avons de ces premiers vases de différentes espèces et grandeurs, en terre, en fer-blanc et en bois; nous en avons de même de ceux que nous mettons sur ces premiers. Sur ces casseroles ou vases, je pose un couvercle en bois, terre ou fer, qui ferme hermétiquement (*a*), et prévient presque toute évaporation, ensorte que chaque mets cuit dans son propre jus, et est beaucoup plus succulent. Je puis faire presque toute espèce d'entrées et d'entremets de cette manière; et il ne m'arrive pas deux fois par an d'allumer ce fourneau qu'on a mis là par précaution, mais qui devient tout à fait inutile. Nous ne brûlons pas plein mes mains de charbon de bois dans l'année (*b*). Quand j'ai servi le dîner, je

---

(*a*) Sortes de digester, employées si utilement et si généralement à Londres.

(*b*) Quel avantage en général, lorsque le bois est si cher, de détruire presqu'en totalité l'usage du charbon de bois.

Mais lorsqu'on voudra en faire usage pour quelques sortes de ragoûts, il y aura toujours un fourneau construit à cet effet, dans chaque cuisine; et, s'il arrivait même qu'un

ferme le robinet qui admet la vapeur dans tous les vases, et j'ouvre cet autre ; alors cette vapeur descend dans un puits, sous la maison (*a*), et fait mouvoir une pompe qui élève un pouce d'eau jusques sur le toît, dans un réservoir qu'elle remplit, et de là elle redescend partout où nous en avons besoin dans les appartemens. L'autre jour, un Monsieur qui demeure à la campagne, et qui en a fait établir une chez lui, disait qu'elle faisait aller un jet d'eau, et qu'il arrosait tout son potager par ce moyen. Mais j'oubliais une chose assez importante : quand ce robinet est encore fermé, et que ma maîtresse veut se baigner, cette même vapeur monte dans son bain lorsque je tourne cet autre robinet, et l'échauffe en moins d'un quart d'heure ; elle échauffe aussi en haut dans plusieurs chambres de la maison, des

---

particulier ne voulût point avoir une cuisine de vapeurs, telle qu'elle vient d'être décrite, cela ne changerait rien à tous les effets qu'elle produit. On placerait alors dans une cave ou dans l'antichambre, le chaudron déguisé sous la forme d'un poêle ; et les effets de la chaleur pour l'escalier, ainsi que celui de la vapeur sur tous les autres objets, resteraient entièrement les mêmes.

(*a*) Effet de la pompe à feu, réduit au simple usage d'une maison particulière.

vases pareils à ceux-ci, dans lesquels ma maîtresse fait son thé ou son chocolat, au second; et sa femme de chambre fait son café au troisième, sans avoir besoin de descendre ici. Il y a même dans une chambre à côté, un petit moulin à farine, que la même vapeur fait tourner; et en deux heures, tous les quinze jours, nous pouvons moudre pour nos besoins. Il y a aussi dans la même chambre, une autre petite boîte qui sert à séparer la farine du son (*a*). — Oh! vous ne vous faites pas d'idée de tous les services que cette cuisine peut rendre. Enfin, un tourneur à qui mon maître avait conseillé d'en mettre une petite chez lui, vint lui dire qu'elle faisait aller son tour tout seul; et mon maître lui répondit qu'elle pouvait de même faire mouvoir toute espèce de mécanisme (*b*); et avec un peu plus de tuyaux de plomb et un robinet, on peut porter cette même force ou cette même chaleur partout où on veut s'en servir, pourvu que l'air

---

(*a*) Moulins économiques inventés pendant la dernière cherté du pain à Londres.

(*b*) Non seulement l'effet de la vapeur peut faire mouvoir toutes mécaniques; mais l'élévation de l'eau sur les toits donne par le poids de cette même eau, un pouvoir dont un artisan peut se servir dans beaucoup d'occasions.

extérieur ne réfroidisse pas le tuyau qui la conduit (*a*). Elle me sert encore à un autre usage; en ouvrant ce garde-manger qui sépare la cuisine de la salle à manger, vous verrez une espèce d'armoire à double fond (*b*); elle est aussi à double porte. Dans le double fond, j'admets de la vapeur avant le dîner, qui échauffe de l'eau qu'elle contient; et cette eau qui bout, échauffe cette armoire. Je dépose les plats d'un côté, et le domestique les retire de l'autre, lorsque j'ai refermé la porte; par ce moyen, les plats ne sont jamais froids, et le domestique n'a jamais besoin de quitter la salle à manger pendant tout le dîner. Il y a aussi dans la salle à manger, une urne pleine d'eau, du même genre que ces vases, et que j'échauffe toujours au moment du dîner, en cas qu'on veuille faire réchauffer un plat, ce qui se fait en un moment.

Mais, revenons aux autres avantages du feu du charbon de terre dont je vous ai parlé. A côté, et au-dessus de ce chaudron, en ouvrant

---

(*a*) La vapeur de l'eau bouillante ne perd rien de sa force, et on pourrait faire bouillir de l'eau, ou se servir de son pouvoir, à une très-grande distance du feu.

(*a*) Armoires chaudes qu'on commence à employer en Angleterre.

cette porte de fonte, vous verrez toute la pâtisserie qui cuit dans un four toujours chaud, et où je fais aussi le pain. (*a*) C'est l'effet de la fumée qui circule tout-au-tour, avant de passer dans des colonnes qui font l'ornement de l'escalier et qui échauffent toute la maison. Mais en été ou en hiver, lorsque la chaleur est trop grande, en fermant cette soupape et ouvrant cette autre, je change aussitôt son cours.

Voici de ce côté un feu de bois à l'ordinaire, et en levant un peu la tête, vous verrez un tourne-broche qui tourne tout seul et n'attend que mes ordres (*b*) : je vais le garnir de ces trois broches. Mais j'allume ce feu rarement, et je rôtis alors, ou dans le four dont je vous ai parlé, ou dans un petit four de campagne sur un simple fourneau. Comme il est à double fond, et que la chaleur et la fumée tournent tout-au-tour, il s'échauffe également, et rôtit à merveille. (*c*) Tout est si aisé ici, que je n'ai

---

(*a*) Fours qui se construisent en Angleterre, et s'échauffent ordinairement par la fumée du feu de la cuisine.

(*b*) ... Tournebroche mécanique mu par le courant d'air dans la cheminée, construit sur un nouveau plan bien supérieur à celui dont on fait usage en Angleterre.

(*c*) Fours nouveaux qui sont portatifs, et peuvent se placer sur toute espèce de feu.

pas besoin d'aide, de même que mon mari suffit seul à tout le service de la maison.

≂ Comme nous avions eu une longue conversation, et qu'elle ouvrait de temps en temps des couvercles de casseroles, qui répandaient un parfum de mets excellens, je découvre une grande faute à votre cuisine, lui dis-je. Tout ce que vous assaisonnez ne doit pas répandre une odeur bien agréable dans les appartemens. — C'est un inconvénient qu'on n'éprouve jamais dans cette maison, reprit-elle; et en voici la raison : voyez-vous cette petite porte tout au haut du plafond (*a*), elle communique au tuyau de la cheminée ; et quand elle est ouverte comme à présent, toute l'odeur et la vapeur s'évaporent par-là. Mon maître disait un jour que la raison en était que, comme le dessus de la porte était deux pieds plus bas, l'air chargé de cette odeur et vapeur, trouvant une issue plus élevée, ne redescendait jamais. Mais on sonne, excusez, je vais savoir ce qu'on demande. — A quoi vous sert cette aiguille que vous changez de place? — A répondre à mon maître, reprit-elle. — Comment, à lui répondre ? — Oui, dit-elle,

---

(*a*) Nouveau moyen pour prévenir toute odeur d'une cuisine.

approchez et vous allez voir : lorsqu'il a sonné, j'ai regardé sur ce cadran, (*a*) et j'ai vu cette aiguille sur cette ligne où est écrit : « *Vous pouvez laisser entrer.* » Et j'ai mis cette même aiguille sur cette ligne du tableau à côté. « *Il y a un Monsieur qui serait bien aise de vous parler.* « — Comme elle me disait ce dernier mot, je vis l'aiguille remuer d'elle-même, lisez, me dit-elle : — voici la réponse sur la ligne où elle s'est arrêtée: *faites le monter.* — Comment cela se fait-il, lui dis-je, qu'il vous ordonne et vous entende ainsi, sans que vous ayez besoin de monter et descendre à chaque fois ?— Vous venez de le voir, reprit-elle : il a dans son cabinet, ainsi que Madame dans sa chambre à coucher, et il y en a même un troisième dans le salon ; il a, vous dis-je, trois cadrans semblables à ces deux-ci, où les mêmes questions et les mêmes réponses sont écrites. Lorsqu'il veut quelque chose, il met l'aiguille sur ce qu'il demande, et sonne ; comme l'aiguille qu'il a dans sa chambre communique à celle-ci par un fil de laiton et des mouvemens faits exprès, elle se fixe ici sur la même ligne où il a placé la sienne là-haut, et je vais voir sur ce cadran, ce qu'il a

---

(*a*) Nouveau télégraphe domestique.

demandé. Voici beaucoup de questions écrites et de réponses sur cet autre : elles ont rapport à tout ce qu'il y a de plus habituel pour son service, et il n'y a que dans les cas imprévus où je sois obligé de monter pour y répondre, ce qui fait que nous ne sommes pas dérangés dix fois par jour : cela nous vaut presque un domestique. Mais mon maître sait que vous êtes ici, il a marqué de vous faire monter, voulez-vous me suivre ? et je vous expliquerai encore quelque chose.

Nous retraversâmes le petit vestibule, et entrâmes dans un petit anti-chambre, du côté opposé à la cuisine. — Quand il vient des étrangers, dit-elle, cet anti-chambre sert à leurs domestiques ; ils ne montent jamais en haut, ni les ouvriers qui ont toujours les pieds crottés. Aussi, vous allez voir comme l'escalier est propre. — Mais, par où passent les maîtres ? — Par cette double porte qui sépare le vestibule en deux, et qui empêche en même temps le froid de dehors de communiquer dans l'escalier. — Il fait bien chaud dans cet anti-chambre ! — Le poêle n'est cependant pas allumé, reprit-elle, et il n'y a d'autre chaleur que celle qui vient de l'air qui circule dans une double boëte autour du feu de la cuisine, et qui va également dans le vestibule et dans la salle à manger. On avait fait ce poële dans le cas de grands froids, parce qu'il échauffe en même temps l'escalier ; mais on ne l'a encore allumé qu'une fois, et il faisait si chaud dans toute la maison, quoiqu'il gelât bien fort dehors, qu'on fût obligé de l'éteindre ; depuis ce temps, il ne sert que d'ornement (*a*). Il est d'une nouvelle construction pour brûler du charbon de terre : on peut aussi en brûler dans les poëles ordinaires ; mais alors il doit être épuré, et il y a une nouvelle machine inventée à cet effet (*b*). L'un et l'autre sont beaucoup plus

---

(*a*) On pourrait croire hasardé d'annoncer une chaleur aussi grande sur un plan seulement en projet : mais ce n'est qu'après avoir échauffé une maison de quatre étages, et de trois pièces par étage, avec le seul feu de la cuisine, pendant trois ans, à Londres, qu'on s'est permis d'annoncer le même effet ici avec certitude.

(*b*) On compte faire établir, dans le cours de l'année prochaine, une manufacture de charbon, à l'instar de celle de Londres, où on trouvera toutes les espèces de charbon qui seront propres aux différens usages, et on oserait annoncer (malgré la force de tous les préjugés) qu'avant dix ans, la consommation en deviendra presque générale, au moins pour les cuisines, les poëles, et beaucoup d'autres foyers, surtout si on peut parvenir, comme on l'espère, à en diminuer considérablement le prix. L'économie sera si grande

économiques, et donnent plus de chaleur. — Disant ces mots; elle ouvrit une petite porte, et nous entrâmes dans un vestibule éclairé par le haut de l'escalier, le plus léger que j'aie jamais vu. Une lampe placée au-dessus de la porte qui sépare les deux vestibules, les éclaire ainsi que l'escalier, et donne en même-temps asssez de clarté dans l'anti-chambre d'un côté, et la cuisine de l'autre, par des vîtres dans leur cloison, pour qu'on puisse se passer d'autres lumières lorsqu'on n'a pas quelque chose de particulier à y faire. — Je n'oserai jamais monter sur cet escalier, lui dis-je, il ne saurait me porter. — N'ayez pas peur, il porterait 500 personnes plus lourdes que vous; le bois ne cassera pas, il est tout en fonte. — Comment en fonte! ces marches si légères à l'œil, et qui ressemblent à un bois précieux, cette rampe de bronze, tout est en fonte ? — Oui, monsieur, et bien peint, n'est-ce pas ? Comme il y a un tapis dans le milieu où l'on met les pieds, les côtés vernissés ne se tachent jamais, et il a toujours l'air aussi

---

alors, qu'elle en commandera au moins l'essai, et l'essai (de la manière dont on recommandera d'en faire usage) détruira tout préjugé.

neuf que le premier jour; et comme il ne monte que des maîtres, et à qui même nous avons bien soin de faire essuyer leurs pieds sur cette natte et cette brosse à côté, quand ils viennent à pieds, ce tapis est toujours propre.— En vérité votre escalier m'enchante, je croyais qu'il n'y avait rien de mieux que les nôtres en Angleterre; mais celui-ci est infiniment plus propre et plus élégant : on voit bien que vous en avez grand soin. —Oh! mon Dieu, dit-elle, je ne passe le balai dessus qu'une fois par semaine, à moins qu'il ne soit venu beaucoup de monde la veille. Deux fois par an je lève le tapis, et mon mari le bat pour le nétoyer; je le remets ensuite, ce qui se fait en dix minutes, par le moyen de ces petites barres de cuivre qui le fixent à chaque marche de l'escalier, dans des yeux pratiqués dans les marches pour les recevoir.

J'entrai au premier dans une espèce d'antichambre : la cuisinière m'ayant ouvert la porte d'un fort beau salon, me quitta pour aller avertir son maître, et retourner à son poste. Ce salon avait deux croisées sur un beau jardin. J'ouvris l'une d'elle, pour admirer sur le balcon, la façade intérieure, dont l'aspect était d'autant plus beau, q'uil présentait un quarré parfait, orné de colonnes sur toutes les faces ; et que le jardin, distribué et varié avec simplicité et goût, offrait un mélange de fleurs et d'arbustes étrangers, aussi agréables à l'œil qu'à l'odorat. Malgré le plaisir que j'éprouvai, je rentrai dans le salon, dans l'attente du maître de la maison; mais en voulant refermer la croisée, j'en trouvai deux au lieu d'une, je voulus refermer la première, mais la seconde suivit son mouvement (*a*) ; et je m'apperçus alors qu'elles tenaient ensemble, et qu'en refermant celle de l'intérieur, je refermais les deux; la barre majeure du milieu n'avait pas un pouce et demi d'épaisseur, et celles qui séparaient les carreaux, plus de 3 à 4 lignes; on aurait dit à une petite distance, que la croisée n'était qu'une seule glace. Comme j'en admirais le travail, le maître entra. —Vous paraissez surpris, me dit-il, de la légèreté de ces croisées. Ma cuisinière m'a dit, Monsieur, que vous

---

(*a*) Nouvelle manière économique d'établir des doubles croisées ; on peut également les faire fixées avec un simple vagislas pour aérer l'appartement, et dans ce cas, on peut les garnir de fleurs, pendant l'hiver.

êtes étranger, et que la curiosité vous avait amené chez moi ; je me ferai donc un plaisir de vous satisfaire, et d'être le cicéroni de ma maison. Premièrement, ces croisées sont en fonte, et sont doubles pendant l'hiver. Mon domestique doit demain ôter celle du dehors, ce qu'il fera seul et en un moment ; comme elles sont si légèrement construites et si exactement semblables, à peine voit-on qu'elles sont doubles, et elles ont en hiver l'agrément de la chaleur, sans l'inconvénient de l'obscurité : elles sont parfaitement bien jointes et finies ; vous croiriez peut-être, d'après leur hauteur de dix pieds, qu'elles ne sont pas solides, et qu'elles coûtent des prix fous, mais je vous assure qu'elles dureront autant que la maison, et elles coûtent moins que de simples croisées de menuiserie. Cela paraît vous étonner, mais je vous montrerai des ouvrages bien plus petits et plus finis, tels que les gonds des portes, les verroux, les caisses des serrures, l'intérieur même en parties de ces serrures, des roues, des tourne-broches, et mille autres objets, et le tout du même métal, faits dans des moules, et aussi solides, et vingt fois meilleur marché que les mêmes objets qui viendraient de la main de l'ouvrier. La fonte est comme une nouvelle découverte dont, seulement depuis 30 ans environ, on s'occupe en Angleterre avec beaucoup de succès, mais qu'on pourrait presque dire dans l'enfance, par tous les progrès dont elle est susceptible : son emploi avec discernement est une des principales bases de cette maison, et de toutes celles que vous voyez, et va contribuer infiniment à l'amélioration de toutes nos commodités intérieures. Vous admirez ces croisées, vous avez admiré l'escalier ; eh bien ! partie des planchers, des toits, des soutiens de cette maison, les balustrades, les statues et les vases qui les ornent, sont du même métal ; les lieux à l'anglaise perfectionnés même sur ceux d'Angleterre (*a*) ; le mécanisme qui fait aller une pompe par la vapeur de la cuisine ; en un mot, presque tout est en fonte, jusqu'à cette cheminée que vous auriez, peut-être, crue de bronze et de marbre, si je ne vous en eusse prévenu. Elle est placée entre les deux croisées ; s'il y

---

(*a*) Il y a un secret pour prévenir toute odeur des commodités, dans toutes les maisons actuelles, et il n'en coûtera pas plus d'un louis par maison. On le publiera incessamment.

en avait trois, je l'aurais fait placer dans celle du milieu, et à jour par dessus. On pourrait également la mettre partout ailleurs: la fumée passerait par dessous les planchers qui, alors n'auraient pas de bois auprès des conduits qui seraient pratiqués. Mais je trouve les cheminées sous les fenêtres, ou entre deux fenêtres, infiniment plus gaies et mieux situées en général pour les portes d'un appartement. — Pardon de vous interrompre, Monsieur, mais que voulez-vous dire, je vous prie, par les conduits de fumée sous les planchers? pourquoi ne pas faire monter la fumée par des tuyaux de cheminées dans les murs, à l'ordinaire. — Par une très-bonne raison, reprit-il, c'est qu'il n'y en a point. — — Mais où les pratiquez-vous donc? — Dans ces mêmes colonnes qui font la beauté et l'ornement de ces maisons, qui leur donnent la majesté d'un édifice magnifique, qui ne portent rien que leur propre poids, qui sont en plâtre, moulées, et pourraient être également en fonte, en briques ou en terre cuite, et ne sont autre chose que de simples tuyaux de cheminées. La fumée leur est communiquée par un petit tuyau fixé au travers la muraille de la place à feu à la colonne, et sort par ces vases et statues qui ornent la balustrade, et ne sont pour l'usage que de simples pots de cheminées. Par ce moyen, nous ne courons aucun danger du feu (*a*), nous ne craignons pas qu'un ouvrier ignorant ou négligent, ait plus ou moins mal placé une poutre près de tuyaux qui n'existent plus, ni de voir nos tapis et nos planchers salis par des ramoneurs.

Ces colonnes sont creuses jusqu'en bas : à leur base, on a laissé des petites portes par lesquelles on retire une corde et un bouchon de paille, ou une brosse faite exprès, selon la dimension du tuyau, qu'un homme y introduit par en haut; et en un moment, et aussi souvent que je veux, mon domestique et sa femme ramonent ainsi toutes mes cheminées.

— Pendant que nous sommes sur cet article, permettez-moi de vous témoigner ma surprise sur votre feu; vous brûlez du charbon de terre et du bois par-dessus; cela fait un feu admirable; mais je croyais qu'on n'en faisait point

---

(*a*) Il y a en outre une nouvelle machine pour pouvoir sortir par les fenêtres de chaque étage en cas d'accident.

usage en France. — Vous savez, Monsieur, que chaque pays a ses préjugés. En France, on croit que si on se chauffe avec du charbon de terre, on mourrait de la poitrine; en Angleterre, on pense que si on a des poëles, on mourrait de la poitrine; en Russie, on croit que sans les poëles on mourrait de froid. Allez dans un pays, dans une société même différente dans le même pays, vous ne voyez que préjugés; mais ce n'est pas la place d'un cicéroni de moraliser. Je vous dirai donc que ce foyer (*a*), creusé dans l'épaisseur du plancher, renferme une espèce de tiroir qui en reçoit les cendres, et par cette soupape, que j'ouvre quand il me plaît, j'attire un courant d'air extérieur qui attise et allume le feu plus rapidement. J'ajoute encore considérablement à cet effet, lorsque je déroule ce barreau sous le manteau de la cheminée, qui descend et remonte comme une espèce de store, et ferme ma cheminée sur le devant plus ou moins, selon que je veux ajouter à la rapidité du courant d'air et du feu. Les deux barreaux

---

(*a*) Nouvelle et intéressante construction de cheminées, pour laisser le choix de brûler indifféremment du charbon, ou du bois, ou l'un et l'autre ensemble.

retiennent le charbon ; et les côtés de cette caisse ou boîte, servent de chenêts au bois : je brûle donc du charbon seul quand il me plaît, du bois avec du charbon, comme en ce moment, et du bois sans charbon, comme à l'ordinaire. Ma cheminée se prête à tout, et réunit l'avantage de tuyaux de chaleur, par lesquels l'air extérieur vient ajouter à la chaleur de ma chambre, et suppléer au courant d'air nécessaire à la raréfaction qui se fait par le feu dans la cheminée, et qui autrement viendrait par les jointures des portes, fenêtres, trous de serrures, etc.

Ce salon est d'une assez bonne dimension, environ vingt pieds sur dix-huit ; mais ce soir, lorsque nous aurons compagnie, ces deux portes s'ouvriront ; et comme elles sont doubles et se rabattent l'une sur l'autre, la chambre voisine, qui est également de dix-huit pieds sur dix, ajoutera sa grandeur à celle de mon salon, qui ne formera plus qu'une seule pièce avec elle. On communique à la chambre à coucher par un passage pratiqué entre la cage de l'escalier et le mur ; mais comme ma femme s'habille, nous retournerons par où vous êtes entré. De l'antichambre vous pouvez également passer dans son appartement. On voulait d'abord le diviser en deux petites chambres à coucher, un cabinet de toilette, et deux garde-robes : mais j'ai préféré avoir un appartement en bas, et étendre les dimensions du sien. J'ai fait faire une chambre à coucher dans la partie qui fait le dessous de ce second salon ; la salle à manger me sert de salon ; et dans la profondeur, j'ai eu assez de place pour faire construire une garde-robe ; au reste, toutes les maisons de ce carré varient plus ou moins, selon le goût ou le nombre de famille de chaque habitant ; car, on nous a laissé le choix de distribuer l'intérieur à notre volonté ; et tel ou tel autre a eu un goût différent du mien. Le second de ma maison est distribué en deux chambres à coucher, deux cabinets et deux garde-robes. J'en échauffe deux avec un seul feu ; je puis aussi transmettre le foyer dans l'une ou l'autre, en jouir dans les deux à la fois, en faire même un poêle en un instant : ce qui s'opère par un mécanisme très-simple.

Au-dessus de ces chambres où sont mes enfans, les mansardes contiennent trois ou quatre chambres qui servent pour nos domestiques, et qui sont échauffées par les places à feu au-dessous que je viens de vous décrire, et dont les tuyaux sortent par un carreau de vître de la croisée pratiqué dans le toit qui les éclaire. En bas, est la salle à manger; nous allons, si vous voulez, y descendre.

Vous paraissez être incommodé de la chaleur de l'escalier? laissons la porte du salon ouverte, et elle va bientôt y entrer et se mettre en équilibre au degré de chaleur qui se maintient toute l'année dans la totalité de cette maison, et ne varie jamais de plus de deux ou trois degrés. Le seul feu de la cuisine et la fumée qui circule dans ces colonnes qui servent d'ornement à la cage de l'escalier (*a*), nous rend cet important service, et nous économise plus des trois quarts de notre consommation dans nos appartemens. Nous n'avons presque besoin de feu que pour le plaisir de le voir; car comme nul air froid ne peut percer ni par les fenêtres, ni par la porte de la rue, l'escalier étant la place de la maison la plus chaude, toutes les fois qu'on ouvre une porte, on échauffe pour ainsi dire la chambre au lieu de la refroidir.

Cette salle à manger est d'une bonne grandeur; on peut dîner 24 personnes, et c'est

---

(*a*) Nouveaux tuyaux de poële à différens compartimens, dont l'effet est bien au-dessus de celui d'un poële.

plus que nous n'en voulons avoir ; car quand nous donnons de grands bals ou festins, nous avons une salle destinée à cet effet, où je vous mènerai dans un moment. Ma salle à manger est donc aussi grande que je puis le desirer : elle est échauffée par cette cheminée, et en outre par une bouche de chaleur qui vient du feu de la cuisine. Tout le service se fait par le moyen de cette double armoire, dont le dessus sert de buffet, et sur lequel cette urne creuse réchauffe les plats. Un seul domestique nous suffit, et nous ne sommes jamais incommodés de l'air de la porte, qu'on n'a plus besoin d'ouvrir, pendant que nous sommes à table.

Si vous voulez, nous ouvrirons la fenêtre, et nous ferons un tour de jardin.—Très-volontiers, lui dis-je : et je ne puis vous peindre combien cette promenade me parut délicieuse. — Chaque maison est comme celle que je viens de vous décrire, au moins à l'extérieur, et l'ensemble forme un des plus beaux palais qui aient jamais été construits. Devant chaque division de maison, est une petite grille de fer presqu'imperceptible, qui empêche ceux qui se promènent d'approcher de plus de vingt pieds des fenêtres ; et forme un petit jardin particulier. Le reste du jardin est public à tous les propriétaires ; mais il y a des règles les plus sévères contre les abus qui pourraient naître : et comme chaque particulier a eu besoin de se garantir contre son voisin, les lois qu'il s'est imposées, ne lui ont jamais paru assez sévères. Aucun domestique ne peut entrer dans ce jardin que les bonnes des enfans, et seulement avec des enfans. Tous les arbres en sont bien jetés, curieux et bien entretenus ; le mouvement du terrein en est bien dessiné. Mais rien n'est jamais arraché ou coupé, c'est une propriété, c'est une jouissance commune que chacun respecte. Souvent en été, nous avons de la musique et des petits concerts particuliers, des illuminations même ; mais à une heure fixe tout doit être retiré : et comme il n'y a pas d'autre issue que par la salle à manger de chaque propriétaire, (excepté la porte du jardinier qui passe par-dessous une des maisons), il n'y a pas moyen d'éviter d'être connu, si on prévariquait contre les règles. Vous remarquerez que ces promenades n'offrent aucun mélange désagréable à l'œil : toutes les personnes qui s'y promènent ont un air et un habillement décens. Il ne peut y avoir qu'un propriétaire ou ses amis en visite chez lui; et par conséquent, aucun mélange n'est à craindre, lorsque le propriétaire est responsable de tout ce qui entre dans sa maison. Dans le commencement, beaucoup de personnes étaient contre un jardin qu'ils regardaient comme public; mais lorsqu'elles virent qu'il ajoutait seulement à la gaîté de la vue de leurs maisons, sans avoir aucun inconvénient pour elles, et qu'elles firent la réflexion que leur petit jardin particulier éloignait suffisamment de leurs fenêtres, et que ce grand jardin n'était qu'un superflu, dont aucune n'eut pu jouir séparément, sans un loyer très-considérable, et qu'il offrait une promenade charmante, sans aucun mélange ni presque aucun frais, il fallut bien abandonner les préjugés les plus invétérés; et pour tous ceux qui seront ainsi distribués, au bout de six mois, il n'y aura pas deux opinions. Après avoir fait un tour de plus, nous rentrerons, et je vous conduirai à la salle où je donne un bal ce soir et un grand souper.

Nous traversions de nouveau la salle à manger, où nous trouvâmes le couvert mis pour vingt-quatre personnes.

— Je ne reviens pas de ma surprise, lui dis-je : quelle charmante table! Comment a-t-on pu construire une chose aussi jolie en un moment?

— On n'a rien construit, me répondit-il, tout

cela était ici quand nous avons passé. N'avez-vous pas remarqué ces corbeilles de fleurs ? hé bien, ce sont les mêmes...; elles font l'ornement de la salle à manger pendant le jour, et répandent l'agrément pendant le dîner ; elles sont de différentes formes, correspondent à un même dessin, lorsqu'elles sont jointes ensemble par le moyen de petites chevilles, et forment alors cette espèce de jardin. Tout au tour de ces mêmes corbeilles, on agrafe ces planches légères, qui sont assez larges pour les assiettes et pour les plats, et qui se ferment le jour sous ces mêmes corbeilles; par ce moyen, on n'a pas l'embarras de ces grandes tables, qui prennent toujours tant de place dans une salle à manger.

Ce jet d'eau, au milieu, qui tombe dans un vase de verre rempli de poisson, va à volonté; il y a un tuyau sous le plancher, dans lequel on visse un des pieds de la table, en sorte qu'on ne peut s'imaginer d'où l'eau vient : elle redescend également par un autre pied ; et comme nous avons un réservoir d'eau sur le toit, et de l'eau à volonté à tous les étages, il est très-aisé de faire tout ce qui nous passe par la tête en ce genre, et de donner à son dîner l'air d'une fête. On peut composer ainsi les surtouts les plus jolis, enfin une quantité d'enfantillages qui n'ont de mérite que parce qu'ils amusent, et ne coûtent presque rien : tout dépend en cela de la première construction de la maison.

Ces servantes sont également des corbeilles faites en fonte comme les autres, et auxquelles on agrafe pareillement une petite alonge à l'heure du dîner. La multiplicité de ces corbeilles n'a rien d'embarrassant ; elles ne craignent pas les injures de l'air, et elles ornent le petit jardin ; d'ailleurs elles coûtent si peu, vu leur solidité et leur durée, qu'à peine vous en feriez-vous une idée (*a*). Continuons : j'ai encore à vous faire voir la salle de bal, la salle de festin, la salle de musique, la salle de comédie, et les appartemens d'école et de leçons communes.

(*a*) Cette table paraîtra peut-être exagérée ; mais son exécution est, au contraire, très-facile et très-simple, et on ne s'est permis de la décrire que pour montrer combien de choses on peut faire avec des riens. On oserait presque assurer qu'une table de cette sorte pour vingt-quatre couverts, avec toutes les corbeilles complettes, et toute l'élégance dont elles sont susceptibles, ne coûterait pas plus de 300 liv. ; et

— Que voulez-vous dire? je vous prie. Vous m'avez montré toute votre charmante et délicieuse petite maison, depuis le haut jusqu'en bas; où pourraient être tous ces nouveaux grands appartemens, ils ne cadreraient point avec le reste de votre maison? — Suivez-moi, et descendez; je vous en dirai les détails en y allant. — Malgré tous vos enchantemens, je n'imagine pas que vous ayez vos salles de bal et de comédie dans vos caves : vous voulez voir jusqu'où va votre empire, et essayer ma crédulité; mais je vous suis.

— Voilà mes caves à vin et à bois de ce côté, reprit-il, ainsi que l'endroit où l'on lave mon linge; je n'ai pas besoin de vous dire que l'eau chaude ne manque pas; et dans

---

au lieu d'être un embarras dans une chambre, elle tiendrait moins de place, et en pourrait faire l'ornement.

Il suffit donc qu'on sache qu'il y aura une disposition dans la construction de la maison pour procurer cette fantaisie, si elle passe par la tête. Il y aura aussi une autre table de ce genre; mais celle-ci sera assez chère...; elle sera à double fond rempli d'eau, et on y admettra la vapeur de l'eau bouillante pour l'échauffer avant dîner, ou seulement des places faites exprès. Cette vapeur y sera admise par un pied de la table, qui serait creux; et tous les plats et assiettes seraient toujours chauds pendant tout le dîner.

le même cuvier nous pouvons aussi faire la bierre (*a*), comme cela se pratique souvent en Angleterre. Il en coûte très-peu, rien n'est plus simple ni plus aisé, et on est sûr de ce qu'on boit. D'ailleurs les domestiques aiment mieux la bierre que le vin commun, et elle revient à beaucoup meilleur marché. Sortons par cette autre porte. Je me trouvai aussitôt dans une très-belle galerie de douze pieds de large, et de la longueur de tout le bâtiment, très-bien éclairée par de petites fenêtres du côté du jardin, que je n'avais pas remarquées, parce qu'elles sont évasées dans la terre. — Vous paraissez surpris, me dit-il, et vous voyez que je n'ai pas voulu vous tromper; à présent je vais vous expliquer cette énigme : cette galerie fait tout le tour de ce quarré, et nous avons chacun une porte qui y donne; elle n'a aucune communication ni avec le jardin, ni avec la rue, et il faut passer par une maison pour en sortir; le soir, elle est suffisamment éclairée de distance en distance, et nous nous visitons avec nos amis et nos connaissances qui demeurent sur ce même carré, sans avoir besoin de

---

(*a*) Le liquide étant échauffé par l'admission de la vapeur, on peut se servir de vase de terre ou de bois.

voiture, ni sans être exposés aux injures du temps. — Mais, d'où vient, dis-je, cette grande chaleur qui y régne? j'aurais cru qu'une telle galerie presqu'entièrement sous terre eût dû être froide et humide. — Vous avez raison, si on n'eut pris des précautions à ce sujet. Cette galerie est toujours chaude sans que la moitié des particuliers qui en jouissent, sachent qu'ils en font les frais; il est vrai qu'il ne leur en coûte rien, et je ne saurais pas moi-même que j'y contribue, si je n'en eusse fait la question à l'entrepreneur. Derrière chaque plaque de nos cuisines il y a un vide; l'air de la rue y est amené par un conduit dans le mur, et un autre le fait sortir ici. La chaleur d'un seul serait imperceptible ; mais celle multipliée de tous nos feux procure la température que vous éprouvez. Nous ne craignons donc jamais un air humide, en passant des uns chez des autres; nous n'avons non plus à craindre aucune mauvaise rencontre à telle heure de jour ou de nuit, puisqu'il ne peut y avoir que des propriétaires comme nous dans cette galerie, et qu'elle est éclairée par des lampes; c'est le jardinier qui a soin de les allumer, et de les entretenir.

Les quatre maisons des quatre coins n'ont point de communication avec le jardin intérieur; le rez-de-chaussée de la première où je vous conduis, est loué à un homme qui se charge à un prix fixe des illuminations, musique, soupés, et de tous les frais; et nous pouvons ainsi donner des soupés ou des bals sans éprouver ni bruit, ni la moindre importunité, lorsque nous ne voulons pas les avoir dans nos maisons. Nos amis descendent chez nous, et vont à la salle du bal par cette galerie, toujours échauffée et éclairée, et ils retrouvent leur challs ou redingotte dans la salle à manger où ils les ont déposés et où ils attendent chaudement leurs voitures, lorsqu'ils veulent se retirer.

Par ce vestibule échauffé par un poële, et ce bel escalier, vous monterez au premier; au-dessus est une autre salle de même grandeur, toutes deux de quarante pieds carrés; dans l'une on danse, et dans l'autre on soupe. Vous voyez qu'elles sont très-bien ornées; cela ne nous coûte rien; cet homme en fait tous les frais, et il en est assez payé par tous les festins qu'il donne. Il y a peu de jours qu'il ne soit occupé par l'un ou par l'autre:

nous y avons alternativement nos droits, et si nous n'en voulons pas faire usage, nous lui donnons la permission d'en disposer, et il en prévient celui qui desire profiter de ce jour là. Nous en avons donc la jouissance imprescriptible, et jamais l'ennui ou l'embarras. Il en est de même d'une petite salle de comédie au coin opposé; elle peut contenir deux cents personnes au plus : nous en avons également la jouissance tous les quarante jours; mais il n'y a que quelques sociétés qui en fassent usage; et c'est le même homme qui la leur loue, l'échauffe, et en fait les frais à tant par soirée.

Au troisième angle est une très-belle salle de concert, soumise aux mêmes règlemens; et dans le quatrième est une maison d'éducation, ou pour mieux dire, de leçons, dont les avantages nous appartiennent uniquement. Elle est divisée en trois grandes chambres, les unes sur les autres; des maîtres viennent y donner des leçons de tous genres : chacun a son heure. Aucun enfant que les nôtres, n'a droit à ces leçons, et ne peut y être admis. Une gouvernante sûre, payée par une petite rétribution de chaque maître, veille à la décence et à l'entretien de chaque chambre ; nous envoyons d'ailleurs presque toujours nos enfans avec leur gouvernante ou précepteur, et souvent nous y allons nous-mêmes. Les jours sont alternés pour les leçons des petits garçons et celles des petites filles ; et tous nos enfans jouissent par là de tous les avantages d'émulation, sans aucun des inconvéniens d'une éducation publique. Les maîtres sont les meilleurs et à des prix très-modérés ; et s'il y en a parmi nous qui aient des préjugés contre un établissement si avantageux, ils gardent leurs enfans chez eux, et n'ont aucun frais à en supporter.

Nous avons aussi des cours et des écuries, et remises séparées. Il existe un nombre de particuliers qui aimeraient mieux les avoir chez eux ; mais ils ne réfléchissent pas que la quantité de terrain que demandent cour, écurie, remise, ne peut s'admettre à l'étendue de la façade de nos maisons, et qu'il n'y a rien de plus incommode qu'une petite cour, qui d'ailleurs nécessite un portier. La propreté qui m'environne de toute part, surpasse bien à mes yeux, le petit inconvénient, si c'en est un, d'avoir mon écurie à deux cents pas de chez moi.

Il y a maintenant beaucoup de personnes qui n'ont que des chevaux de remises, et qui ne nourrissent pas les gens d'écurie ; d'autres, et cela prend beaucoup, ont un cheval de cabriolet, et un ou deux de selle, sans avoir même un seul palefrenier. Aussi, va-t-il s'établir un maître d'écurie comme à Londres, qui prendra les chevaux en pension, à tant par semaine, ou tant par jour; il entretiendra de très-bons palefreniers, et veillera à nos chevaux mieux que nous-mêmes : comme son existence dépendra de ce que nous soyons contens de son service, il nourrira nos chevaux autant qu'ils en auront besoin, et ils seront pour le moins aussi bien qu'avec nos propres domestiques, sans que nous ayons la dépense qu'entraînent ces derniers. Il entretiendra aussi des voitures, phaëtons, cabriolets, chevaux de selle, que nous pourrons louer quand nous voudrons ; il établira une école d'équitation : et en tout je pense qu'avant six mois, il n'y aura pas deux opinions sur l'utilité, l'économie, et l'agrément de cet établissement. — Vous avez bien raison, lui dis-je, c'est une chose infiniment commode, que nous avons en Angleterre. Je parierais qu'il y a neuf personnes sur dix, à Londres, qui ont des chevaux ainsi, sans avoir la dépense d'un homme d'écurie; et leurs chevaux, harnois, selles, en un mot tous leurs équipages, sont tenus plus propres qu'ils ne le seraient en général chez celles qui n'ayant pas beaucoup de chevaux et une écurie montée, n'auraient qu'un ou même deux palefreniers sur lesquels il n'y aurait pas de surveillant. — Puisque vous êtes Anglais, permettez-moi, Monsieur, de vous faire à mon tour, une question : Pourquoi appelle-t-on nos maisons, des maisons *anglaises*, quoique, selon notre propriétaire, elles n'y ressemblent aucunement ? — Tout ce que vous m'avez montré, Monsieur, excepté pour la propreté qui, peut-être même, est encore plus grande que chez nous, ne ressemble en rien à nos maisons. Vous jouissez dans un petit espace, de tous les avantages de distribution et d'étendue qui, dans un bon quartier de Londres où les loyers sont infiniment moins chers que chez vous, coûteraient cependant deux cents louis de location; vous avez de plus réuni un nombre d'objets dont la plus grande partie n'existe dans aucun pays, et qui à coup sûr seront à l'avenir adoptés dans toutes les nouvelles maisons que l'on construira à Londres, aussitôt qu'ils y seront connus. Mais nous avons un très-grand avantage que vous ne connaissez pas ici, c'est que chaque particulier y peut trouver une maison selon ses moyens et ses facultés ; que de la plus petite à la plus grande, presque toutes se ressemblent beaucoup par leur distribution et par leur propreté, et qu'il en résulte même que pour le loyer d'un simple appartement, on a une maison entière, sans éprouver les inconvéniens d'habiter avec plusieurs locataires sous le même toit.

Nos maisons sont, à Londres, de trois classes : la première consiste dans de petites maisons d'une ou deux croisées de face ; elles sont toujours de deux chambres par étage, et l'escalier dans le double de l'une des deux.

La deuxième est entièrement comme la première, seulement avec des dimensions plus grandes, et quelquefois un cabinet de plus.

La troisième varie non seulement par ses dimensions, mais encore par le nombre des chambres, selon la fortune du propriétaire. Mais nous n'avons aucune distribution commode comme chez vous : nos cheminées sont toujours mal placées pour l'ouverture des portes ; chaque fois qu'on ouvre celle de la rue, il se répand un air glacial dans toute la maison; nous sommes presque toujours infectés par l'odeur de nos cuisines; nos fenêtres sont en général trop petites, et ferment mal; et nos constructions sont si légères, qu'on entend le moindre bruit d'un étage à l'autre.

— Vous vous trompez, en disant que vous jouissez d'un avantage que nous ne connaissons pas, parce que vos maisons sont de différentes grandeurs. Ce quarré en renferme de toutes les grandeurs, et chacun de nous a été à peu-près libre de les distribuer comme il a voulu.

Quant à la légèreté des constructions, rien n'égale celle des nôtres ; mais nous ne sommes néaumoins jamais importunés du tapage qu'on fait dans un appartement au-dessus. Au lieu de tous ces inutiles platras qui écrasent les planchers, il ne s'agit que de mettre trois à quatre pouces de sciure de bois ; et ce corps mou intercepte toute espèce de bruit. Vous n'aurez donc plus à craindre que celui qui se communique par les tuyaux de cheminées : mais comme il n'y en a pas dans les murs de la mienne, je n'éprouve pas cet inconvénient, et je ne puis que vous conseiller le même expédient.

— Je serais curieux, lui dis-je, de demander à celui qui a fait construire toutes ces maisons, tous les détails de son privilège, et je veux absolument en acheter une; voudriez-vous avoir la bonté de me donner son adresse ? — Très-volontiers, je vais vous la donner par écrit : rentrons chez moi, car je ne puis vous faire sortir d'ici que par la porte où vous êtes entré. — Ah ! dit-il, en descendant l'escalier, j'ai laissé ma porte ouverte. Comment le savez-vous, repris-je, vous ne pouvez la voir d'ici ? — Je vous l'expliquerai tout à l'heure ; voulez-vous bien, me dit-il en rentrant, laisser la porte ouverte, et me donner la clef ? — Très-volontiers, lui dis-je : mais j'ai beau la tourner, elle ne veut pas sortir. — Eh bien, à présent vous voyez pourquoi je savais avoir laissé ma porte ouverte ; il y a un secret dans cette serrure qui empêche la clef de sortir toutes les fois que la porte n'est pas fermée, et comme j'ai remarqué n'avoir pas la clef dans ma poche, j'étais sûr de l'avoir laissée ouverte. A présent fermez-là, et la clef sortira sans difficultés.

Nous voilà donc en sûreté, et nous ne pouvons jamais par méprise, ni aucun de nos gens par négligence ou mauvaise intention, laisser une porte ouverte, si nous y mettons une telle serrure. Toutes les fois que nous en avons la clef, nous sommes certains que la porte est fermée. Puisque nous en sommes sur cet article, je vais vous en montrer une autre non moins curieuse : elle est à mon cabinet, et la clef en est à la porte; il y a 11500 combinaisons pour ne pas l'ouvrir, et il n'y en a qu'une seule pour le pouvoir. Celui qui l'a fermée, ou à qui on a dit le mot de l'énigme, peut seul l'ouvrir; et vous-même, lorsque je vous aurai dit ce mot, vous l'ouvrirez. — En effet, je l'ouvris tout de suite. — A présent, me dit-il, fermez-la de telle manière, et ayez une pensée sans me la dire; — ce que j'exécutai. — Je ne puis plus moi-même l'ouvrir, reprit-il, à moins de deviner votre pensée, et cela est impossible. Vous voyez que rien n'est plus simple, et en même-temps plus compliqué; ayez donc la bonté de la rouvrir pour que vous puissiez sortir.

Voici l'adresse que vous desirez, et où vous pouvez avoir tous les détails de constructions que je ne puis vous donner, ainsi que les conditions, etc., etc. — Monsieur, je vous suis infiniment obligé de toute la complaisance que vous avez eue, et je suis déterminé à devenir propriétaire, dès aujourd'hui, d'une maison semblable à la vôtre. J'y ai remarqué un autre avantage dont vous ne m'avez pas parlé; c'est l'élégante simplicité de tous les ameublemens, et le peu qu'il en fallait. Toutes les chambres, par leur forme, sont pour ainsi dire presque meublées d'elles-mêmes; et tout ce que vous m'avez détaillé, doit contribuer autant à une économie extrême, qu'à multiplier toutes vos jouissances. Presque point de feu, et toujours chaud; moins de domestiques, et infiniment mieux servi; de l'eau chaude, de l'eau froide à volonté; une quantité de combinaisons utiles et agréables; tous les avantages d'une grande maison, et toute l'économie et l'agrément d'une petite; toutes les jouissances qu'on hésiterait même à se donner avec la plus grande fortune, sans presqu'aucune dépense pour se les procurer; une élégance, une propreté, un arrangement, une réunion dont je me serais fait à peine une idée, et par-dessus tout, des sources d'économie si nombreuses, qu'on pourrait presque dire qu'elles doubleront les revenus, en augmentant néanmoins toutes les jouissances : voilà tout ce que vous m'avez démontré, et que je veux, dès aujourd'hui, partager avec vous.

Je me rendis aussitôt chez le propriétaire, et lui exprimai le desir d'acheter une de ses maisons. Je préfère les louer, me répondit-il; c'est pour mes enfans que j'ai fait cette entreprise, c'est à eux seuls qu'avec le temps en sera la propriété. Sans ma nombreuse famille, j'eusse préféré un repos plus analogue à mon goût et à ma situation : le sort nous a ôté une assez grande fortune, puisse le fruit de mes efforts et de mon travail en procurer une nouvelle à mes enfans.

En offrant ce projet, j'éprouve une double satisfaction. Puisse aussi son exécution contribuer au bonheur de beaucoup de personnes, et sur-tout de celles dont les fortunes réduites commandent davantage l'économie, et ne peuvent qu'inspirer intérêt et respect !

PROPOSITIONS.

On propose de bâtir à location, sur les plans qui viennent d'être décrits, autant de maisons qu'il se présentera de souscripteurs, et chacun peut choisir le quartier de Paris qu'il préfèrera. On espère en bâtir presque dans tous, autant toutefois que les emplacemens le permettront. Il faut de 4 à 600 pieds quarrés, pour procurer tout ce qui vient d'être décrit; mais il y aura des quartiers où un tel emplacement ne pouvant se trouver, on se bornera à bâtir une façade de rue ou deux façades parallèles sur deux rues : en tout, on se réglera sur les localités.

Toutes les fois qu'elles ne permettront pas de réunir 40 à 50 maisons, on ne doit pas s'attendre à tous les avantages d'un jardin commun, ni des 4 maisons formant les 4 coins extérieurs d'un quarré; mais on aura probablement alors un jardin un peu plus grand, ou une cour, ou les écuries chez soi, etc., etc.

Le prix de la location desdites maisons variera en raison de l'étendue et valeur du terrain et du quartier. Les façades seront partout uniformes, et ornées soit de colonnes, soit de pilastres ; mais l'intérieur sera divisé selon le desir de chaque particulier qui pourra fixer la grandeur de sa maison, et par conséquent le prix de son loyer.

Tous les dessins, façades, coupes, plans, distributions, etc., etc., sont déposés chez MM. les Notaires ci-après nommés.

Chaque particulier qui, après les avoir examinés, voudra souscrire pour une telle maison, est prié de laisser son adresse chez celui des Notaires où il se sera adressé, et d'indiquer le quartier qu'il desire.

Lorsqu'un certain nombre de personnes seront ainsi inscrites pour le même quartier, on les préviendra de la situation du terrain qu'on pourrait se procurer.

Si alors cet emplacement leur convient,

chacun dira les distributions qu'il desire: ce qui déterminera le prix du loyer.

Lorsque les conventions seront faites, on dressera un devis double: si la maison n'est pas entièrement semblable, on ne sera obligé à rien, et on donnera même la faculté d'y renoncer, dans tous les cas, en payant un dédit convenu et déposé d'avance, et proportionné aux différentes distributions qu'on aurait exigées.

On ne pourra prendre un bail de moins de six ans; mais on peut l'avoir aussi long qu'on voudra, et même l'acheter à vie.

Si on préfère un bail, ou une espèce de vente, pour un nombre d'années fixes, la seule condition exigée est l'équivalent du loyer de trois années payé en prenant possession de la maison, et le loyer sera diminué de moitié pendant les six premières années. Par cette faible avance, on donne une facilité à l'entrepreneur sans courir le moindre danger, puisqu'il ne demande rien avant d'avoir consenti un bail, ou passé un contrat de vente, et avant de donner la possession libre, complète et assurée de la maison.

Si on préfère une vente à vie, le prix dépendra de l'âge de la personne ou des personnes.

On est prié de s'adresser

Chez MM.
- Rouen, rue Neuve-des-Petits-Champs.
- Demautor, rue Vivienne.
- Charpentier, quai de l'École.
- Tardif, rue des Vieilles-Draperies.
- Liénard, Isle Saint-Louis.

www.ingramcontent.com/pod-product-compliance
Lightning Source LLC
LaVergne TN
LVHW020043090426
835510LV00039B/1392